N° 40   *"Pages actuelles"*
1914-1915

L'Esprit philosophique
:: de l'Allemagne ::
et la Pensée Française

PAR

VICTOR DELBOS

de l'Académie des Sciences morales et politiques

BLOUD ET GAY, ÉDITEURS

7, PLACE SAINT-SULPICE, PARIS

L'Esprit philosophique de l'Allemagne
et la Pensée française.

Victor DELBOS
Membre de l'Institut,
Professeur à la Sorbonne.

L'Esprit philosophique
de l'Allemagne
et la Pensée française

BLOUD et GAY, Éditeurs
7, place Saint-Sulpice, PARIS

A LA MÉMOIRE DE MON AMI

JOSEPH OLLÉ-LAPRUNE

« *Le général commandant la 2ᵉ armée cite à l'ordre de l'armée le lieutenant de réserve Ollé-Laprune, du 140ᵉ régiment d'infanterie. Premier secrétaire de l'ambassade de France à Rome, accouru à l'armée le premier jour de la guerre, ayant sollicité et obtenu son envoi sur le front, y a donné depuis son arrivée l'exemple des plus nobles vertus et de la plus religieuse fidélité à tous les devoirs. A été tué le 16 février 1915, en cherchant, au mépris de sa propre existence, à mettre à l'abri des obus ennemis un soldat qui l'accompagnait dans les tranchées de première ligne.* »

L'ESPRIT PHILOSOPHIQUE DE L'ALLEMAGNE

ET

LA PENSÉE FRANÇAISE[1]

Mesdames,

Messieurs,

Dans les monstrueuses dispositions d'intelligence et d'âme que nous manifeste à l'heure actuelle l'Allemagne, quelle part revient à l'action prochaine ou lointaine de ses philosophes ? Il est mal aisé d'en décider, et tout jugement sommaire là-dessus risque d'être trop simple et par suite inexact. Les causes qui ont égalé l'abjection de l'Allemagne à ses ambitions sont de très diverses sortes : des

---

[1] Conférence faite à *Foi et Vie*, le 14 mars 1915.

instincts de bête de proie ont sans doute, beaucoup plus que des idées pures, engendré son impérialisme forcené et brutal. Cependant certaines expressions de sa pensée philosophique, plus ou moins fidèlement converties en maximes de jugement et de conduite, ont paru complices de ses effroyables violences et de son absence barbare de scrupules. Si elles n'ont pas directement suscité son appétit sauvage de domination, elles lui ont en tout cas permis de se parer, le jour où il s'est déchaîné, de titres empruntés à l'ordre de la civilisation et, comme on dit là-bas, de la culture.

Est-ce une raison pour condamner en bloc toute la philosophie allemande moderne et contemporaine ? Disons simplement : non. Elle est fort loin, en effet, de se prêter toute aux complicités dont on a pu rendre responsables certaines de ses théories : elle y résiste même parfois avec une force singulière, que ne pourraient réduire les plus audacieux mensonges des intellectuels allemands d'aujourd'hui. Elle a en outre embrassé une variété de problèmes et produit une variété de doctrines qui empêchent qu'on ne la considère sous un unique aspect. Elle a enfin exercé en Europe et en Amérique une influence considérable, qu'on aurait de la peine à expliquer, si elle n'avait pas participé en quelque mesure à l'œuvre idéale de l'humanité pensante.

C'est d'ailleurs à la philosophie française qu'elle a dû de se former, et c'est de la philosophie française qu'elle a reçu au cours de son développement mainte impulsion nouvelle. Comme la philosophie moderne de tous les pays, elle a appris de notre Descartes comment devaient se poser et comment devaient être traités rationnellement les problèmes philosophiques. Ce qu'il y a de plus juste et de plus fort dans l'idéalisme spéculatif de l'Allemagne a eu dans le cartésianisme sa source profonde et pure. Certes c'est un grand, un très grand philosophe que Leibniz, et son extraordinaire génie a su faire valoir, reconnaissons-le, des conceptions liées aux tendances natives de l'esprit allemand; mais Leibniz n'a conquis la plénitude et n'a assuré l'équilibre de sa pensée que sous l'influence du cartésianisme; quand il l'a critiqué, c'est souvent avec plus d'âpreté qu'il n'aurait dû pour être simplement équitable ; il est surtout parvenu à la compléter. C'est pendant un séjour à Paris, de 1772 à 1776, au cours duquel il a mis particulièrement en œuvre ses merveilleux dons d'assimilation et d'invention, qu'il a connu de plus près les écrits de Descartes, même des écrits inédits : il s'occupe alors de plus en plus de mathématiques et de mécanique, et s'il cherche d'autres fondements à sa philosophie, c'est cependant sur le terrain préparé et déblayé par Descartes ; c'est alors aussi, en perfectionnant l'analyse de Descartes, en profitant des recherches de Pascal, des directions du grand mathématicien et astronome Huyghens, qu'il arrive à sa découverte du calcul infinitésimal. Recueillons à ce sujet le témoignage d'un historien allemand de la philosophie, Kuno Fischer : « Ce séjour à Paris fut extrêmement profitable à Leibniz. Il n'aurait pu dans son siècle devenir un écrivain européen, s'il n'était devenu un écrivain français ; il le devint à Paris, et c'est grâce à cette circonstance que l'esprit allemand a pris tout à fait pied avec Leibniz dans l'histoire de la philosophie européenne moderne. Si l'on célèbre la grandeur scientifique de Leibniz, chacun sait qu'une partie essentielle et incontestée de sa gloire réside dans sa valeur comme mathématicien. Or c'est à Paris qu'il est devenu un mathématicien de premier ordre, et dans l'état où était alors cette science, il n'aurait pu que difficilement atteindre en Allemagne à cette hauteur. » C'est par Leibniz que l'Allemagne fait son entrée dans la philosophie moderne ; mais Leibniz lui-même n'y a fait son entrée décidément glorieuse que par Descartes et par la culture française.

Et cette éducation de l'Allemagne par notre pensée philosophique a longuement et puissamment continué, d'ailleurs au bénéfice de doctrines et de tendances diverses. Cette philosophie allemande du xviiie siècle qui s'est intitulée *philosophie des lumières*, et qui, en lutte plus ou moins ouverte contre les religions établies, a prétendu répandre les idées de tolérance, de justice sociale, de droit naturel, de progrès politique, a considérablement mis à profit nos écrivains et publicistes de la même époque, Montesquieu, Voltaire, Diderot, d'Holbach, Helvétius ; elle s'est nourrie de l'Encyclopédie. Quand Rousseau paraît, il est pour l'Allemagne comme le prophète des temps nouveaux. Des philosophes ou des écrivains tels que Hamann, Herder, Jacobi, Schiller, Gœthe, reconnaissent son inspiration comme aussi féconde qu'originale. De Rousseau Kant déclare avoir appris que tous les hommes, malgré leurs inégalités intellectuelles, relèvent de la même loi et ont droit au même respect ; et assurément la constitution de sa philosophie sociale comme de sa philosophie morale est due pour une bonne part à l'influence de Rousseau.

Kant est, après Leibniz, le grand philosophe de l'Allemagne. Sur bien des points sa doctrine contredit la doctrine cartésienne, comme aussi d'ailleurs la doctrine leibnizienne. Mais en cherchant dans l'acte de la pensée la condition fondamentale de toute connaissance, il relève encore très directement de Descartes. Au fait, les dissertations n'ont pas manqué en Allemagne pour établir que le cartésianisme, c'est déjà presque le kantisme. Il est vrai qu'elles étaient plutôt écrites pour faire honneur à Descartes d'avoir entrevu Kant que pour faire honneur à Kant d'avoir respecté certains éléments essentiels de la tradition cartésienne. N'importe : il suffit de pouvoir affirmer qu'ici encore la philosophie allemande a reçu une empreinte profonde de la pensée française. Cette démonstration pourrait s'étendre à d'autres doctrines ; néanmoins en s'étendant, elle irait peut-être en fin de compte contre mes intentions, qui ne sont pas simplement d'établir qu'il y a eu des influences de la philosophie française sur la philosophie allemande, — car il y a eu aussi à plusieurs reprises pendant le xixe siècle des influences de la philosophie allemande sur la philosophie française, — mais que les influences de la philosophie française sur la philosophie allemande ont consisté avant tout dans une sorte d'éducation philosophique générale de l'esprit allemand. Ceci dit, nous pouvons sourire plus encore que nous indigner de l'omission singulière et volontaire du peintre allemand Overbeck qui, chargé de représenter en fresque sur les murailles de l'Université de Bonn les écoles de philosophie, n'a pas cru devoir y faire figurer la philosophie française.

Toutefois l'incontestable éducation de la pensée allemande par notre pensée ne pouvait être une assimilation, et il est sûr que l'Allemagne a apporté dans l'œuvre de la philosophie des façons propres d'organiser les idées ainsi que des tendances très particulières, auxquelles ne se prête pas bien spontanément, même auxquelles parfois répugne énergiquement la pensée française.

Ce n'est point un pur hasard qui a fait que Descartes, en définissant les conditions de la certitude philosophique et scientifique, a vu dans la possession d'idées claires, liées par des rapports clairs, le gage de la découverte de la vérité : il a témoigné par là de l'amour qu'a naturellement notre intelligence pour la lumière. Ce qui est obscur, ou ce qui n'est qu'à demi-clair, nous laisse une impression de malaise et nous rebute vite. L'esprit philosophique allemand a certainement moins d'inimitié pour les ténèbres et se déploie sans trop de gêne dans une atmosphère noyée et confuse ; il soutient volontiers, pour se justifier, que les idées claires ne comprennent rien entièrement, qu'elles ne saisissent les choses qu'à l'état d'achèvement, non à leur origine et dans leur formation, qu'elles expriment des effets, des résultats, non la cause, le mouvement, la force, le devenir de quelque réalité que ce soit. Cette apologie est spécieuse. Il y a sans doute une clarté facile qui peut être notre tentation et parfois notre défaut : nous pouvons d'autant plus nous y abandonner que nous ne tenons pas à garder les idées pour nous-mêmes, que nous nous plaisons à les répandre, et que nous sentons que le plein air et le plein jour sont nécessaires pour leur diffusion. Il est donc possible que nous soyons quelquefois portés à nous contenter d'un ordre d'idées trop simple afin de nous entendre et de nous faire entendre au plus vite : mais qu'est-ce à dire, sinon qu'il y a en France comme ailleurs des intelligences superficielles, et que la valeur souveraine de la pensée claire n'en est pas pour cela atteinte? Car s'il est vrai que nous devons tâcher d'apercevoir, derrière les choses accomplies, les actions latentes qui les ont de plus ou moins loin préparées et produites, rien n'empêche que l'esprit, par un plus vigoureux effort, n'apporte à les découvrir, non des pressentiments ou des divinations, mais des raisons définies. Le besoin de voir clair peut incliner parfois soit à trop rapprocher l'objet de l'œil, soit à trop restreindre le champ de la vision : mais ce sont des défauts que corrige une perception plus complète ou plus large des choses. La pensée française s'est montrée capable de plus embrasser ; elle n'a jamais franchement consenti à se perdre dans l'indistinct.

C'est qu'avec ses caractères propres elle a gardé la marque de la culture gréco-latine qui l'a façonnée. Dans l'appel de Descartes à la raison, il entre sans doute la conviction qu'elle est faite, non seulement pour offrir le modèle de la vérité, mais encore pour pénétrer au cœur du réel. Il y entre aussi cependant la conscience des limites qu'elle doit observer pour ne pas déborder dans l'obscur; il y entre un sentiment général de mesure et de proportion. Rien n'est plus inexact que la thèse, soutenue chez nous et trop facilement acceptée par nous, selon laquelle l'esprit cartésien, représentatif en cela de l'esprit français, serait un esprit de construction et de déduction à outrance : nous avons, au contraire, le sentiment très vif qu'une logique trop étirée finit par se dérouler à vide, et que le contact doit se maintenir ou se renouveler entre la pensée et les choses. En sa forme idéale, la pensée française tend à l'union de ces deux sortes d'esprit dont Pascal a si bien montré que, tout en différant entre eux essentiellement, ils se complètent : l'esprit de géométrie et l'esprit de finesse ; l'esprit de géométrie part de principes « nets et grossiers » et en tire inflexiblement les conséquences : admirable de rectitude, certes, quand il opère bien et en des matières qui comportent des principes simples et peu nombreux ; mais faux et insupportable quand il prétend s'imposer aux choses dont les principes, nombreux et déliés, ne se laissent saisir ni manier ainsi : c'est là qu'intervient l'esprit de finesse, art de percevoir d'ensemble l'ordre qui échappe au raisonnement abstrait, art de discerner jusqu'où la logique doit aller et quand il faut qu'elle s'arrête. Une des marques de l'union de ces deux sortes d'esprit dans notre philosophie, c'est la grande place qu'y occupent, à côté des arguments techniques, les souples et riches observations des moralistes sur la vie humaine et les façons de la gouverner. Montaigne est bien un de nos philosophes. Et chez Descartes, dans son *Traité des passions*, chez Malebranche, dans tant de pages et en particulier dans son second livre de la *Recherche de la vérité*, que de vues prises sur le vif de l'être divers que nous sommes, et qui attestent bien que ces grands théoriciens maintiennent toujours ferme sous leur regard la complexité concrète de notre nature ! Voilà pourquoi les plus puissantes et les plus ordonnées des doctrines de nos philosophes peuvent à peine être appelées des systèmes, pour autant que le mot de système fait penser à un arrangement rigide d'idées et à un parti pris définitif sur toutes choses, *de omni re scibili et quibusdam aliis*.

L'esprit philosophique allemand manque de cette mesure et de cette souplesse : il a maintes fois manifesté l'ambition de poursuivre jusqu'à l'extrême détail ou jusqu'aux conséquences les plus lointaines les principes qu'il avait posés. Cette ambition se révèle déjà chez Kant, bien que le kantisme ait eu pour un de ses objets la limitation de la connaissance humaine : la façon dont Kant démontre l'existence et le rôle des éléments de la raison a quelque chose de scolastique et d'artificiel qui a été bien souvent signalé. Encore cependant peut-on dire que, malgré la subtilité excessive de certaines de ses explications et l'obscurité assez fréquente de sa langue, Kant reste dans l'ordre de la pensée nette et humainement communicable. Mais chez les métaphysiciens qui sont venus après lui et qui ont procédé de lui, chez un Fichte, chez un Schelling, chez un Hegel, la prétention de développer, moment par moment, la genèse rationnelle du monde à partir d'une vérité première absolue, se réalise par les procédés les plus abstrus de dialectique qui sont censés exprimer la marche invisible des choses et qui se poursuivent, selon un rythme uniforme, jusqu'à épuisement. Ne contestons pas, si l'on veut, la valeur philosophique de cet effort ; mais constatons aussi bien que, pour se soutenir dans ce qu'il a de démesuré, il est obligé de recourir à toutes sortes de complications, d'artifices, et à un verbalisme intempérant qui ne se prive pas de masquer plus d'une fois par l'indétermination, l'ambiguïté ou la nouveauté des mots, l'impuissance de cette dialectique à accomplir véritablement son œuvre.

D'autre part, les principes premiers auxquels se rattache cette dialectique, loin d'être empruntés à la raison commune, à ce que Descartes appelle le bon sens, sont souvent conçus en opposition avec elle. Et ici nous pouvons surprendre un des procédés de la pensée allemande, qui consiste à rechercher à tout prix l'identification des notions jusqu'alors réputées incompatibles. Fichte proclame la souveraineté de l'Esprit absolu; mais en même temps il appelle cet esprit le « Moi »; en même temps il considère que cet esprit, au lieu d'être, doit se développer et se réaliser sans fin, au lieu d'avoir une perfection actuelle, doit se susciter des obstacles pour travailler sans terme à les surmonter. Hegel soutient que la contradiction, loin d'être la suppression de la raison, en est le stimulant et l'ingrédient, que la spéculation philosophique doit comprendre l'identité des notions qui sont d'abord nécessairement posées comme contradictoires. A l'origine de ces conceptions audacieuses, il y a ce que l'esprit classique, l'esprit français, pourrait tenir pour un élément, peut-être en effet parfois trop négligé, de vérité : à savoir que les formes arrêtées de l'intelligence, de l'action, de la réalité, peuvent devenir le signe d'un manque, qu'elles peuvent donc être provoquées à se dépasser, à se corriger, à se compléter par d'autres formes, différentes ou même antagonistes. La philosophie allemande fait de cet élément de vérité une vérité absolue; elle sait bien qu'il y a là un paradoxe, mais elle l'adopte sans restriction, le développe et le renforce, comme s'il devait mesurer sa victoire à la violence qu'il exerce contre l'esprit classique. Or ces façons de penser qui, chez les grands philosophes que je viens de nommer, se rattachent à d'assez hautes inspirations, ont plus ou moins passé, avec des expressions plus médiocres, chez bien des écrivains de second rang, et elles ont fini par se matérialiser en quelques-unes des formules particulièrement co n damnables auxquelles a adhéré la culture allemande.

On dirait en effet qu'érigées péniblement et artificiellement en conceptions spéculatives, elles tendent d'elles-mêmes à se dégrader, et que pour ne pas vouloir s'ajuster au niveau de la conscience humaine, pour s'efforcer immensément de la dépasser, elles tombent inévitablement fort au-dessous, dès que l'échafaudage des systèmes grandioses ne les soutient plus. Comme elles rejettent les formules d'alternative et de disjonction qui empêchent les intelligences et les âmes d'aller indécises entre les contraires, elles laissent vite s'effacer les distinctions assez subtiles grâce auxquelles elles prétendent dominer, aussi bien que les préjugés de la raison classique, la poussée des forces instinctives. En réalité, c'est sur la spontanéité aveugle de ces forces que la philosophie allemande a le plus souvent modelé son Absolu. Cette tension infinie de la volonté et ces démarches de l'être contre l'entendement, que le « Moi » de Fichte et la « Pensée » de Hegel recouvrent de spiritualité et de rationalité, expriment d'une façon plus détournée peut-être, mais tout aussi certaine, que la « Nature infiniment productrice » de Schelling, que le « Vouloir-vivre » de Schopenhauer, que « l'Inconscient » de Hartmann, une foi originelle et irréductible dans l'autonomie et même dans la divinité des puissances de production et d'évolution immanentes à l'univers. L'idée d'une raison imposant des formes, des mesures, des types auxquels doit s'astreindre la volonté réfléchie, en est rabaissée d'autant. Au surplus, sous prétexte d'échapper aux conceptions abstraites qui définissent le bien sans le mal, la vérité sans l'erreur, l'ordre sans la discorde, la liberté sans la passion, sous prétexte de montrer que l'énergie déployée dans la passion, dans la discorde, dans l'erreur, dans le mal, est la condition d'une liberté plus dominatrice, d'un ordre plus riche, d'une vérité plus compréhensive, d'un bien plus efficace, la pensée allemande en vient à attribuer la valeur suprême à cette énergie même, par delà les qualifications antithétiques dont la marque la conscience ordinaire, « par delà le bien et le mal ». Que cette énergie se mette donc en action, pleinement, violemment, sans règle comme sans but; qu'elle brise, même si elle le peut, l'enveloppe trop étroite de notre actuelle humanité !

La conception nietzschéenne du *Surhomme* est donc loin d'être une fantaisie individuelle et accidentelle, sans attache avec les idées dans lesquelles s'était complu une Allemagne déjà ancienne. Les métaphysiciens allemands de la première moitié du XIXe siècle se trouvent avoir déjà glorifié et prétendu exercer une sorte de raison surhumaine, douée de facultés de compréhension et d'intuition bien faites pour dominer et déconcerter le simple entendement humain. Aussi ne peuvent-ils, quand ils écrivent ou enseignent, s'adresser qu'à des spécialistes ou à des privilégiés ; ils requièrent pour l'intelligence de leurs doctrines une sorte d'initiation dont on ne sait jamais quand elle sera terminée ni si elle est bien sûre. A ces manières de philosopher qui semblent toujours garder par devers elles d'inaccessibles secrets, opposons la déclaration des droits de la raison commune, par laquelle s'ouvre le *Discours de la Méthode* : « Le bon sens est la chose du monde la mieux partagée…; la puissance de bien juger et distinguer le vrai d'avec le faux, qui est proprement ce qu'on nomme le bon sens ou la raison, est naturellement égale en tous les hommes ; et ainsi la diversité de nos opinions ne vient pas de ce que les uns sont plus raisonnables que les autres, mais seulement de ce que nous conduisons nos pensées par diverses voies et ne considérons pas les mêmes choses. » Ce qui ne veut pas dire, certes, que l'œuvre philosophique de Descartes soit immédiatement à la portée de tous ; ce qui veut dire que la puissance d'attention et d'abstraction qu'elle exige pour être entendue n'est qu'une forme normale de l'exercice des facultés humaines.

Cependant l'Allemagne dénonce volontiers des insuffisances de la raison commune que révéleraient bien certains défauts de la philosophie française. Par besoin de voir clair, la philosophie française décompose, analyse; mais elle se rend ainsi incapable de saisir l'unité réelle et interne des choses; elle tend à une conception purement mécanique du monde. Descartes avait imposé le mécanisme comme explication de l'univers matériel, même des êtres vivants; c'est un Allemand, c'est Leibniz, qui montre contre Descartes que le mécanisme n'est qu'une vérité de surface, et que dans le fond il y a une essentielle spontanéité des êtres. La philosophie allemande, suivant l'inspiration de Leibniz ou plutôt du génie germanique lui-même, a pris presque toujours pour type universel la notion de vie avec son développement du dedans au dehors. — Pourtant il n'y a pas là un privilège de l'esprit allemand; pour bien des philosophes français également, le mécanisme n'est que le dehors des choses, et ce sont les idées qui agissent au dedans. Chez Descartes, le mécanisme coexiste avec le spiritualisme; il n'est même valable à ses yeux que pour la satisfaction qu'il donne à l'intelligence ; d'autre part, les doctrines d'organisation spontanée et de développement interne ont été plus d'une fois mêlées à des expressions plus ou moins naturalistes de la pensée française ; on les trouverait plus ou moins chez des écrivains tels que Diderot, Buffon, J.-J. Rousseau. Voici en outre une doctrine, comme le positivisme de Comte, qui loin d'incliner au mécanisme universel, y répugne, qui fait valoir l'irréductibilité des divers ordres de science à un type unique d'explication, qui conçoit enfin dans la société le consensus social comme une réalité supérieure à celle des éléments sociaux. Mais d'ordinaire ces idées d'organisation interne et spontanée ne sont accueillies de nous que tout autant qu'elles laissent subsister l'esprit d'analyse : en Allemagne il arrive souvent qu'elles expriment uniquement le trouble où reste une raison paralysée par d'obscurs instincts naturalistes et mystiques, et qu'elles sont favorisées même par une certaine indétermination de la langue. Que de fois la perspective d'une vérité plus interne, plus profonde, est née d'une vague suggestion par laquelle la phrase allemande a remplacé l'expression d'une idée précise, dûment expliquée !

Une autre supériorité que semble pouvoir de prime abord revendiquer la pensée allemande, c'est un sens plus naturel, une préoccupation plus directe des questions, des idées et de la vie religieuses. Certes il y a eu et il y a encore en Allemagne des doctrines matérialistes, très opposées au Christianisme ; et même des œuvres de vulgarisation écrites dans ces vues, celles de Büchner et de Hæckel notamment, y ont eu un prodigieux succès. Mais en retour ce qu'on appelle l'idéalisme allemand, par la tentative qu'il fait pour s'élever au-dessus de la raison commune, de la raison raisonnante, de la raison critique, paraît arriver, sans essais de conciliation factice ou d'ajustement extérieur, jusqu'à la signification interne des doctrines chrétiennes. Christianisme et philosophie sont, au dire de plusieurs, une même vérité, qui admet seulement des représentations différentes. En fait, beaucoup de philosophes allemands, dans l'examen des problèmes métaphysiques, passent sans transition d'une affirmation rationnelle et comme laïque à une formule de sens primitivement religieux et chrétien.

Mais l'on peut se demander si cette façon

de s'annexer la Religion et le Christianisme leur sont aussi favorables qu'il peut le sembler. Elle ne peut opérer systématiquement qu'en usant jusqu'à l'abus, jusqu'à la satiété, des interprétations par le symbolisme, ou encore qu'en généralisant jusqu'à lui faire perdre tout sens surnaturel et transcendant, telle ou telle idée religieuse. Dire que le monde est une constante et perpétuelle révélation de l'esprit divin, que toute forme nouvelle d'existence est création, que tout événement, comme manifestation de l'ordre providentiel, est miracle, c'est évidemment au fond enlever aux idées de miracle, de création, de révélation toute portée spécifique. Vider plus ou moins les affirmations chrétiennes de leur contenu pour y voir à des degrés divers des symboles, et pour pouvoir en fin de compte, à des points de vue différents, les affirmer à la fois et les nier, c'est incliner à une duplicité qui, de fait, n'est pas rare dans les consciences allemandes. Cette diffusion de religiosité dans la pensée philosophique marque uniquement l'influence décisive d'une certaine sentimentalité mystique, et explique du reste les tendances panthéistiques de bon nombre de doctrines. Mais le mysticisme allemand est souvent un abandon de l'âme aux forces de la nature exaltée et divinisée plutôt qu'une élévation et une épuration de l'âme en vue d'une communication plus directe et plus spirituelle avec Dieu ; il incline à faire de la divinité une sorte d'être tout proche, non pas des intentions de sainteté, mais de toutes les passions, de toutes les ambitions, de toute la concupiscence de l'individu qui l'invoque. D'autre part, si le panthéisme chez les grands philosophes de l'Allemagne domine les suggestions inférieures et impures de la sensibilité, il les subit vite chez les esprits moins habitués à vivre en familiarité avec les idées.

Il est bien vrai : la pensée philosophique française n'est pas sujette aux mêmes entraînements métaphysiques que la pensée allemande, et elle traite moins indiscrètement des questions religieuses ; mais quand elle conçoit la légitimité de ces questions et qu'elle les laisse ouvertes, ce n'est point avec la tendance à tout unir jusqu'à tout confondre. Descartes met à part les vérités de la foi ; cette attitude peut être jugée trop simple ou trop extérieure ; elle n'en signifie pas moins avec force qu'il y a une distinction à observer entre les problèmes. Le métaphysicien le plus religieux que nous ayons, Malebranche, découvre dans l'union de son cartésianisme et de son christianisme des idées philosophiques qui lui rendent intelligible l'ordre de la nature et dont il étend certaines jusqu'à l'ordre de la grâce : mais valable ou non, cette extension ne veut jamais être chez lui une appropriation ou une transposition du sens des dogmes ; et rien non plus n'est plus loin de toute équivoque que la fermeté lumineuse du langage qu'il fait tenir à la raison qui éclaire tout homme, que ses invocations au Verbe divin.

Peut-être d'ailleurs est-ce par une autre voie que la pensée française aborderait de préférence, quand elle tend à les résoudre affirmativement, les problèmes religieux. Peut-être serait-elle plutôt portée à unir l'invincible besoin qu'elle a de n'affirmer que par des raisons à la considération psychologique de la nature humaine prise dans son ensemble ou du moins dans certains de ses traits les plus caractéristiques. Là encore elle se garde de se rejeter sur une sentimentalité vague et trouble ; là encore elle analyse, — ne l'eût-elle fait qu'une fois, cela suffirait, tant cet exemplaire unique porte haut la noblesse de la pensée religieuse de notre pays, — elle analyse, quand c'est Pascal, avec une incomparable profondeur l'ensemble des contradictions et des dispositions intérieures qui restent inexplicables sans le Christianisme et qui ne sont explicables que par lui. Exemplaire unique : en quel sens, je vous l'ai dit. Non pas seul exemplaire. Un Maine de Biran à son tour emploie sa rare pénétration psychologique à démêler dans les inquiétudes qui l'agitent les causes qui sollicitent le concours divin. — Méthodes, objectera-t-on, qui ne sont que partielles, que préparatoires, qui restent vraiment insuffisantes. — Croirait-on qu'elles sont inférieures en valeur théorique, en franchise intellectuelle, en efficacité pratique aux aventureuses spéculations qui, après s'être incorporé bon gré mal gré le Christianisme, prétendent l'entraîner dans leurs destinées ?

Fait en outre bien singulier : plus la philosophie allemande s'épanouit dans l'idéalisme spéculatif, plus elle tend au respect de toutes les manifestations de la réalité positive. Idéalisme signifie pour nous que les choses existantes ont leur raison et leur mesure en dehors d'elles, dans certains types de perfection et d'intelligibilité. Idéalisme signifie pour eux que les choses existantes ont en elles les raisons qui les expliquent et du même coup les justifient. Sans doute cette signification très spéciale de l'idéalisme ne se trouve pas chez tous les philosophes allemands, au moins à ce degré. L'idéalisme de Kant, si au point de vue théorique il incline la pensée vers l'expérience, au point de vue pratique l'élève catégoriquement au-dessus de la réalité donnée ; il affirme que le devoir, loi de ce qui doit être, est absolument irréductible aux lois naturelles de ce qui est ; il pose la société juste des êtres raisonnables comme un idéal qui doit être accompli par nos libres volontés ; il condamne la guerre et, plus encore que la guerre, les façons perfides, barbares, inhumaines de la mener ; il les condamne avec une énergie d'accent telle que l'on reste confondu par le cynisme avec lequel les signataires de l'appel des Allemands aux nations civilisées déclarent que l'héritage d'un Kant, comme d'un Gœthe, d'un Beethoven, est aussi sacré au peuple allemand que son sol et son foyer. Après Kant, Fichte, lui aussi, rattache le droit et la morale à un idéal de liberté. — Et c'est pourtant chez Fichte et par lui que s'opère en Allemagne une des plus profondes déviations de la pensée philosophique.

Dans ses retentissants *Discours à la Nation allemande*, où après Iéna il s'applique à éveiller chez ses compatriotes le sentiment national par la conscience de l'unité de l'Allemagne, il ne se borne pas à montrer l'importance, que lui-même avait jusque-là assez méconnue, de l'idée de nation et des devoirs qui en dépendent, il prétend encore que l'Allemagne est la nation par excellence, la nation élue. Elle n'est pas un peuple ; elle est le peuple : oui, en parlant d'elle, on doit dire : le Peuple, comme on dit : la Bible. Elle est la Race : non une race quelconque, mais la race type. Elle est l'Humanité, parce que seule elle garde le modèle primitif de l'homme, altéré, dans les autres pays, par un amas d'acquisitions héréditaires ; de là viendrait son nom, selon Fichte : *All-man*, toute humanité. Ainsi le philosophe fait entrer dans son système, au lieu de la pure idée de vérité, l'idée de la nation ou de la race qui est censée incarner cette vérité. Or ces formules qui énonçaient les droits de l'Allemagne à la suprématie spirituelle et matérielle sur tous les autres peuples ne furent pas des formules d'occasion, momentanément au service d'une propagande patriotique ; elles devinrent l'expression commune de la conviction de plus en plus enracinée que l'Allemagne est la dépositaire privilégiée de la culture et de la philosophie. « Nous avons reçu de la nature, disait Hegel en 1816, la mission suprême d'être les gardiens de ce feu sacré, comme aux Eumolpides d'Athènes fut confiée la conservation des mystères d'Eleusis, et aux habitants de Samothrace celle d'un culte plus pur, comme auparavant l'esprit universel avait donné au peuple d'Israël la conscience que de son sein il sortirait renouvelé ». Et en effet la philosophie hégélienne de l'histoire prétend établir que l'histoire, devant aboutir à la conscience de l'esprit par lui-même, marque par là le triomphe du génie germanique.

Le Hégélianisme est sans doute la doctrine qui a le plus élaboré de ces thèses, dont l'expression, non pas toujours rigoureusement fidèle, mais plus ou moins matérialisée, a servi de justification à l'Allemagne dans son effort pour se discipliner elle-même et dans sa tendance à libérer de tout scrupule sa prétention à dominer. Dans sa leçon d'ouverture à l'Université de Berlin, Hegel proclame l'affinité élective, la parenté originelle de l'État prussien et de la philosophie hégélienne. Or, quelle conception se fait-il de l'État ? Non seulement il sacrifie l'idée de nation à l'idée d'Etat; mais encore il dépouille celle-ci de tous les signes de contingence et d'imperfection qui pourraient en diminuer l'autorité. L'État est la puissance absolue, et il faut le vénérer comme un Dieu sur terre. Rien n'est plus absurde que de concevoir un État idéal en dehors de l'État réel. L'État réel manifeste la raison, tandis que l'Etat idéal n'est qu'une fiction. Hegel n'a pas assez d'ironie pour les philosophes qui se complaisent dans une fiction de cette sorte.

D'où résulte, selon lui, qu'il n'y a pas de rapports moraux entre les États, puisque les États ne sont point des personnes privées. D'où résulte encore que chaque État ne peut, pour déterminer sa conduite, consulter que ses intérêts et sa puissance. D'où résulte enfin que c'est une illusion insensée de tenir la guerre pour un mal, et un mal remédiable. Comme la raison enveloppe une contradiction d'idées, l'univers enferme une opposition de forces : la guerre est un aspect nécessaire de cette opposition. Elle empêche les peuples de se pervertir dans l'inertie, comme l'agitation des vents préserve la mer de la corruption qu'engendrerait l'immobilité. Elle fournit à une nation le moyen de réaliser, au détriment des autres s'il le faut, la plénitude de son essence. Car ici encore il faut éliminer la fiction d'une victoire qui irait contre le droit. La victoire est pour le peuple qui la remporte la preuve irrécusable du droit qu'il a de vaincre. Ce qui est réel est rationnel, comme ce qui est rationnel est réel. L'histoire qui enregistre les luttes, les défaites et les victoires des peuples, c'est le jugement de Dieu même.

La force exprime le droit, et il n'y a pas de droit hors de la force : cette doctrine n'a assurément pas chez Hegel, sans corrections et sans restrictions, le sens brutal qu'elle a reçu depuis dans des intelligences moins métaphysiques. Car pour Hegel il entre des facteurs spirituels dans la force qui exprime le droit;

et de plus, l'excès en quelque sorte matériel de la victoire d'un jour prépare la défaite du lendemain. Mais il n'en faut pas moins reconnaître que ces idées hégéliennes, dépouillées de ce qui leur restait d'humanisme et de rationalisme, ont fourni des règles courantes d'appréciation dont est toute pleine la culture allemande, en particulier la culture historique. Pour produire des citations décisives, on n'aurait que l'embarras du choix. Contentons-nous de celle-ci, empruntée à l'historien Treitschke : « Dieu ne parle plus aux princes par des prophètes et par des songes ; mais il y a vocation divine partout où se présente une occasion favorable d'attaquer un voisin et d'étendre ses propres frontières ».

Voilà comment la philosophie hégélienne a pu participer à la confection de cette mixture d'ailleurs assez composite qu'est l'impérialisme allemand. D'autres philosophies certes ont paru en Allemagne après elle, procédant parfois d'une inspiration différente ou opposée. Mais la plupart d'entre elles ont été surtout des œuvres de spécialistes et sont restées des doctrines d'école ; ou si elles ont pénétré davantage dans la culture allemande, elles n'ont jamais eu pour effet de la désorienter ni de la désarmer : ce n'est pas le pessimisme de Schopenhauer qui a pu détourner l'Allemagne de la considération des biens de ce monde. Aucune philosophie ne semble donc s'être mieux prêtée, directement ou indirectement, que la philosophie de Hegel à l'idée que le peuple allemand peut se livrer, sans que rien l'arrête, à sa volonté de domination matérielle et spirituelle. Même les vues de Nietzsche n'ont pas pu avoir en ce sens une action aussi complète, car elles sont liées à un extrême mépris de l'État divinisé par Hegel, et qui n'est que « le plus froid de tous les monstres froids », à une raillerie cinglante de toutes les prétentions de l'empire allemand et de la culture allemande. En revanche, elles représentent bien, malgré les déclarations d'amour que Nietzsche adresse au génie latin et à la civilisation méditerranéenne, un besoin démesuré d'échapper à la règle commune, ce romantisme de la vision qui souffre de s'enfermer dans les horizons humains, la recherche exaspérée du paradoxe. Heureux les pacifiques, dit Jésus dans le Sermon sur la montagne. Heureux les belliqueux, dit au contraire Zarathustra : « Vous chercherez votre ennemi, vous combattrez votre combat, vous lutterez pour votre pensée... Vous aimerez la paix comme un moyen de guerres nouvelles. Et la courte paix mieux que la longue... Une bonne cause, dites-vous, sanctifie même la guerre. Mais moi je vous dis : c'est la bonne guerre qui sanctifie toute cause. » Ainsi la guerre pour la guerre, et non plus seulement la guerre pour la réalisation d'une fin nationale. Une négation radicale de nos jugements sur le bien et le mal, un total renversement de la doctrine chrétienne des béatitudes est au principe de cette *volonté de puissance* qui, de l'abolition de l'homme actuel emprisonné dans la morale des esclaves, fera surgir le *Surhomme*, créateur et juge de toutes les valeurs. Vues d'artiste assurément plus que de doctrinaire ; mais expressives quand même de l'état mental d'un peuple capable de s'immoler à une discipline de fer pour satisfaire à la poussée de mégalomanie la plus féroce et la plus « surhumaine », si l'on veut, au sens de la plus « antihumaine », qui ait jamais existé.

Quand nous avons lu ou entendu tout cela,

quel soulagement c'est, et quelle joie intime, de rentrer chez nous pour retrouver la pensée de nos écrivains philosophes! Pensée qui va sans doute dans des directions diverses ou contraires, qui n'a pas chez tous le même degré de profondeur ou d'originalité ou de noblesse, mais qui garde en somme le respect de la vie, de l'humanité et de la raison; qui ne porte pas le pessimisme jusqu'à la négation de l'existence ni l'optimisme jusqu'à l'adoration du succès; qui, réaliste ou idéaliste, naturaliste ou chrétienne, incline toujours à reconnaître à la fois la faiblesse et la dignité de l'homme, et qu'il n'est ni ange ni bête; qui aspire à comprendre pour voir clair et non pas pour embrasser le plus de choses; qui aime mieux se gouverner prudemment elle-même que s'abîmer dans l'insondable; qui conçoit que de l'intelligence, du sentiment et de l'action il y a une union étroite par où l'homme s'accomplit véritablement, non une fusion chaotique d'où procéderaient des facultés exceptionnelles; qui enfin, de quelque façon qu'elle les explique, laisse aux idées de droit et de justice un sens tel qu'elles ne puissent jamais recouvrir leurs contraires, l'iniquité et la violence.

Dans ses *Discours à la Nation allemande*, Fichte caractérise la philosophie germanique par opposition à la philosophie de l'étranger (l'étranger, c'est nous). La philosophie de l'étranger est, selon lui, une philosophie de mécanisme ; c'est une philosophie qui ne saisit les choses que par partie ; c'est une philosophie qui réclame pour la vérité un support inerte et qui lui assigne comme objet le limité et l'immuable. La philosophie allemande, elle, est la philosophie de l'élan spontané, de la vie unique et pure qui précède les formes particulières de l'existence, la philosophie qui proclame que la vérité est, non dans un objet fini, saisissable un jour, mais dans une recherche infinie. Cette philosophie, ajoute-t-il, n'est rigoureusement qu'allemande, et d'un autre côté, quand on est un véritable Allemand, on ne peut philosopher que de cette manière. — N'allons pas, nous, pour répondre, retourner simplement à notre profit des formules aussi exclusives; déclarons que l'œuvre philosophique n'est point nécessairement préformée tout entière dans l'esprit de telle ou telle nation. Ajoutons même que la philosophie allemande a pu nous rendre le service de nous montrer le rôle que jouent dans la réalité et dans la pensée des éléments plus ou moins en opposition avec les formes lumineuses de la conscience et les types arrêtés de l'intelligence. Mais n'abaissons ni la conscience ni l'intelligence devant le jeu et devant les lois des puissances obscures et inconscientes. Surtout ne faisons pas de ce qui est propre à l'inférieure nature l'attribut d'une fonction prétendue plus haute de l'esprit. Ne laissons pas fuir notre pensée dans une sorte de rêve éperdu, et maintenons-la dans son goût classique du précis et du défini. Sans nous enfermer étroitement en nous, sachons et estimons nos raisons d'adhérer à ce qui nous constitue intimement. Aussi bien pourrions-nous mal sans doute nous en détacher. Il est inutile et impossible, disait Fichte, d'éclairer les philosophes de l'étranger ; il faudrait changer de fond en comble tout leur être et leur arracher l'âme du corps.

D'accord, Fichte ; nous garderons donc notre âme, nous la garderons avec amour, nous la garderons même avec respect, non point pour le simple fait qu'elle est nôtre, mais pour la conscience que nous avons par elle de ne regarder comme tout à fait étranger que ce qui est inhumain, et aussi, selon la vieille parole latine, de ne vouloir, étant hommes, rien laisser d'humain nous être étranger.

BLOUD et GAY, Éditeurs, 7, place Saint-Sulpice, Paris-6ᵉ

"PAGES ACTUELLES"

Nouvelle Collection de volumes in-16. — Prix : 0 60

N° 21. **Les Procédés de Guerre des Allemands en Belgique,** par Henri DAVIGNON.

N° 22. **Le Roi Albert,** par Pierre NOTHOMB.

N° 23. **En Guerre,** *Impressions d'un Témoin,* par F. DE BRINON.

N° 24. **Les Zeppelins,** par G. BESANÇON, Secrétaire général de l'Aéro-Club de France. *Illustré.*

N° 25. **La France au-dessus de tout.** *Lettres de Combattants,* rassemblées par Raoul NARSY.

N° 26. **L'Opinion catholique et la Guerre,** par IMBART DE LA TOUR.

N° 27. **La Charité et la Guerre.** *Tableaux et croquis,* par G. LECHARTIER.

N° 28. **Les Surboches,** par André BEAUNIER.

N° 29. **Contre les Maux de la Guerre,** *Action publique et Action privée,* par Henri JOLY.

N° 30. **Le Général Pau,** par G. BLANCHON.

N° 31. **L'Allemagne s'accuse.** Pour servir à l'Histoire de la Guerre Européenne, par Jean DE BEER.

N° 32. **Pendant la Guerre.** *Lettres pastorales et Allocutions,* par S. E. le Cardinal AMETTE, Archevêque de Paris.

N° 33. **L'Allemagne et la Guerre Européenne,** par Albert SAUVEUR, professeur à Harvard University. Préface de Henry LE CHATELIER, de l'Académie des Sciences.

N° 34. **Les Catholiques allemands, hier et aujourd'hui.** *Quelques précédents au cas du Cardinal Mercier,* par le comte BEGOUEN.

N° 35. **Notre « 75 »,** par Francis MARRE.

N° 36. **L'Opinion Américaine et la Guerre,** par Henri LICHTENBERGER.

Sous presse : **L'Occupation Allemande à Bruxelles racontée par les Documents Allemands.** Avis et proclamations affichés à Bruxelles du 20 Août 1914 au 25 Janvier 1915. Introduction par L. DUMONT-WILDEN.

Sous presse : **Comment les Allemands font l'opinion.** Nouvelles de guerre affichées à Bruxelles pendant l'occupation. Introduction par L. DUMONT-WILDEN. **2 volumes.**

Sous presse : **Dans les Tranchées du Front,** par Francis MARRE.

Imp. J. Pierech, 17, villa d'Alésia, Paris 14ᵉ. — 18.169